EDMOND HÉBERT

DISCOURS

PRONONCÉS SUR LA TOMBE

DE

M. EDMOND HÉBERT

DISCOURS

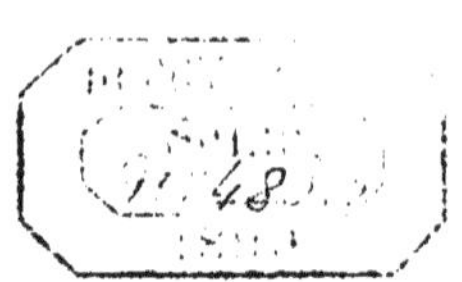

PRONONCÉS AUX FUNÉRAILLES

DE

M. EDMOND HÉBERT

MEMBRE DE L'INSTITUT

DOYEN HONORAIRE DE LA FACULTÉ DES SCIENCES DE PARIS

COMMANDEUR DE LA LÉGION D'HONNEUR

Le 8 Avril 1890

AU CIMETIÈRE MONTPARNASSE

DISCOURS

DE

M. ALBERT GAUDRY

MEMBRE DE L'INSTITUT.

DISCOURS

DE

M. ALBERT GAUDRY

AU NOM DE L'ACADÉMIE DES SCIENCES.

Messieurs,

Au nom de l'Institut, je viens dire quelques mots sur l'un des hommes qui ont le plus vaillamment porté le drapeau de la science française.

Si la mort de M. Hébert nous remplit de douleur, la contemplation de sa vie nous apporte une patriotique consolation. Elle nous montre que les luttes sociales n'ont plus de raison d'être dans notre pays, puisque les plus modestes parmi nous peuvent devenir les heureux de ce monde : les honneurs rendus au grand savant que nous pleurons n'ont pas été en proportion de sa naissance, de sa fortune, mais de son travail, de son talent. Ces avantages-là ont une supériorité devant laquelle personne ne refuse de s'incliner.

M. Edmond Hébert est né en 1812, à Villefargeau, un village des environs d'Auxerre; son père, ancien militaire, était fermier dans ce village. On l'envoya au collège d'Auxerre où il fit de si brillantes études qu'il parut bon de ne pas l'attacher au travail des champs et de le destiner à l'École Normale. En 1830 il venait à Paris, et pendant qu'il se préparait à l'École Normale, il dut, pour se créer des ressources, se mettre à enseigner le latin dans la pension Gengembre, puis devenir maître d'étude à l'institution Bourdon. Il racontait volontiers les premières difficultés de sa carrière; je ne dirai pas qu'il en était fier, car ce n'était pas dans sa nature d'être fier de quelque chose; mais il était heureux de penser qu'il s'était fait lui-même.

Le maître d'étude de 1832 est devenu tour à tour élève de l'École Normale supérieure, sous-directeur des études de cette grande École, professeur à la Sorbonne, Membre de l'Académie des Sciences, doyen de la Faculté des Sciences. Trois fois la Société géologique de France l'a fait son Président; il a été aussi Président du premier congrès international de Géologie. On le voyait toujours environné d'élèves qui étaient ses amis et ses admirateurs. Enfin il a eu le bonheur suprême d'avoir une femme dévouée, charmante, qui lui a fait oublier sa vieillesse, et qui, après lui avoir prodigué les soins les plus touchants, lui a doucement fermé les yeux.

Je me souviens de M. Hébert, il y a quarante ans, au temps où je travaillais chez Alcide d'Orbigny; il était un des visiteurs assidus de l'éminent paléontologiste. L'esprit de ces deux hommes avait des traits communs : l'un et l'autre étaient portés vers les travaux d'analyse ; pendant que M. Hébert, disséquant l'écorce terrestre, la séparait en petites couches, Alcide d'Orbigny étudiait les différences des êtres enfouis dans ces couches. Tous deux aimaient les séparations nettes entre les terrains, entre les espèces fossiles, et ils avaient une tendance à supposer la continuité de ces séparations. Ils ont excellé à faire ressortir les moindres changements des temps géologiques. Assurément à côté de M. Hébert, la France compte des maîtres éminents dans l'étude de la lithologie et de la géologie physique ; mais pour la stratigraphie, je chercherais en vain un nom comparable au sien.

Dans la première moitié de sa vie scientifique, notre regretté confrère a concentré ses recherches sur le bassin de Paris ; il a étudié les terrains secondaires, tertiaires et quaternaires. Ses travaux sur la craie ont été surtout importants ; avec M. de Mercey, il a montré que la craie, malgré son apparente continuité, comprend plusieurs sous-étages ayant chacun des fossiles spéciaux ; si les Anglais avaient accepté l'idée du tunnel sous la Manche, ces découvertes de sous-étages auraient eu une grande application. On a dit que M. Hébert était un géologue parisien ; mais, après avoir étudié notre sol, il a établi des comparaisons entre sa constitution et celle des autres pays, étudiant tantôt la Suède et le Danemark, tantôt la

Suisse avec M. Renevier, tantôt l'Allemagne, l'Angleterre ou la Belgique, tantôt le Nord de l'Italie et la Hongrie avec un de ses plus habiles disciples, M. Munier-Chalmas. Ses dernières explorations ont embrassé la Provence et les Pyrénées. C'est grâce surtout aux recherches de M. Hébert qu'on peut aujourd'hui faire une classification rationnelle des terrains jurassiques et crétacés de la France.

A l'époque où il commença ses travaux, deux écoles géologiques étaient en présence : celle des soulèvements, celle des causes actuelles. M. Hébert a été le partisan de cette seconde école. Il a substitué à l'idée des soulèvements brusques celle des lentes oscillations, et il a publié sur ces oscillations d'ingénieuses recherches. Selon lui, les actions faibles continuées longtemps ont produit de grands effets : « Sachons « reconnaître, a-t-il dit, que nos mesures adaptées à « notre taille, à la durée de notre existence, sont hors « de proportion avec les dimensions et la durée des « œuvres du Créateur. »

Dans sa lutte pour la doctrine des causes actuelles, il a combattu Élie de Beaumont. Il soutint aussi contre l'illustre géologue l'attribution du nummulitique au tertiaire, les théories glaciaires et l'existence de l'homme pendant les temps quaternaires. Il a eu également des débats avec le vicomte d'Archiac et Coquand au sujet du crétacé, avec M. Matheron au sujet du tertiaire, avec une foule de géologues au sujet du tithonique. Il a étudié tant de choses que la plupart des stratigraphes ont eu à contrôler ses publications. Il était un centre extraordinaire d'activité dans notre monde géologique! ardent, même passionné pour ce qu'il croyait la vérité, il a puissamment contribué à propager l'étude de la grande histoire des temps passés. Nous nous plaisions à entendre ses discussions animées, nous aimions à voir sa large tête si expressive, empreinte d'une extrême bonhomie; sa mort va faire au milieu des géologues un vide comparable à celui que produit la disparition d'un chef de famille.

Beaucoup de personnes se sont étonnées qu'un savant, dont les notes ou mémoires formeraient plusieurs volumes s'ils étaient réunis, n'ait pas publié un seul livre. Quand on lui en faisait l'observation, il répondait : « Il y a quelque chose de plus difficile « que de composer un livre de géologie, c'est d'étu- « dier les terrains sur place, de bien dresser leur « coupe et d'y recueillir soi-même les fossiles couche « par couche; avec de tels documents, la géologie a « une marche assurée; les savants des siècles passés « nous ont montré que ce n'est pas avec les vues de « l'esprit qu'on peut fonder la géologie. » Espérons que la pieuse main de quelqu'un des nombreux élèves de M. Hébert réunira les matériaux qu'il a apportés pour en composer une synthèse et ainsi élever un monument qui permettra de bien comprendre l'immensité des observations faites par le grand chef de la Stratigraphie française.

C'est en 1877 que l'Académie des Sciences appela M. Hébert dans son sein. Parmi tant d'études nouvelles que notre siècle a vues se développer, la stratigraphie n'est pas une des moins utiles pour la recherche des substances minérales, les percements de puits, l'établissement des chemins de fer. En outre, c'est une curieuse chose que l'habileté avec laquelle on est parvenu à disséquer l'écorce terrestre. M. Hébert, étant le premier de nos stratigraphes, devait avoir sa place à l'Institut. Comme il suivait nos séances avec beaucoup de régularité, on s'inquiéta, il y a quelques semaines, en ne le voyant plus paraître; sa constitution vigoureuse, longtemps entretenue par ses voyages géologiques, a fini par être ébranlée, une maladie de cœur s'est déclarée. Il s'est éteint le matin du vendredi-saint, 4 avril; il était dans sa soixante-dix-huitième année.

Adieu, cher confrère, ou plutôt à revoir. Si loin que nous portions nos regards dans les temps géologiques, nous y trouvons des spectacles magnifiques : partout la vie, partout l'harmonie. Entre tant de créatures que nous voyons se succéder à travers les âges, la créature humaine ferait exception à cette harmonie, si, au moment où elle a souvent son plus bel épanouissement, elle devait s'évanouir tout entière, pour toujours.

DISCOURS

DE

M. DARBOUX

MEMBRE DE L'INSTITUT, DOYEN DE LA FACULTÉ DES SCIENCES.

DISCOURS

DE

M. DARBOUX

AU NOM DE LA FACULTÉ DES SCIENCES.

Messieurs,

Le savant illustre auquel nous venons rendre les derniers devoirs, appartenait à la Faculté des Sciences depuis plus de trente-deux ans. En mars 1857, une thèse remarquable *Sur la faune des premiers sédiments tertiaires*, digne couronnement de recherches poursuivies pendant plus de dix ans, lui valait le grade de docteur ès sciences avec les félicitations du jury. Quelques jours à peine s'écoulaient, et au mois d'octobre de la même année, il succédait à Constant Prévost dans notre unique chaire de géologie. Prenant pour texte de ses premières leçons les questions les plus importantes de la stratigraphie, il inaugurait à la Sorbonne cette série de cours qui a exercé une influence décisive sur le développement des études géologiques dans notre pays. On vous a dit,

Messieurs, on vous dira encore, avec une compétence qui m'est refusée, toute la valeur de l'œuvre scientifique de M. Hébert. Je voudrais insister, au contraire, sur les services qu'il a rendus comme professeur, sur la place qu'il a su prendre comme directeur et comme initiateur d'études; je voudrais surtout mettre en évidence les enseignements que nous donne à tous la carrière, si belle et si bien remplie, de notre cher et regretté collègue.

Vous le savez, Messieurs, M. Hébert a vu d'abord plusieurs de ses travaux contestés par des juges qui faisaient autorité en géologie. D'autres, peut-être, se seraient inclinés ou découragés; sans songer à l'avenir, sans mêler aux questions scientifiques des préoccupations de carrière, notre collègue n'a jamais cessé de suivre sa voie. Désireux surtout de répandre et de faire triompher les idées qu'il croyait exactes, il a, dès le début, associé ses élèves à tous ses travaux; le premier sans doute, il a mené de front les études sur le terrain, les travaux dans le laboratoire, et l'enseignement à l'amphithéâtre. Pour développer chez ses élèves le goût et l'habitude de l'observation, il dirigeait d'une manière régulière des excursions[1], toujours très suivies, donnant sur le terrain même des

1. La première fut dirigée vers l'Ardenne et le Plateau rhénan; elle était suivie notamment par M. Gosselet qui, depuis, est devenu, lui aussi, un maître en géologie.

explications dont la netteté et la précision remplissaient d'admiration tous ceux qui l'accompagnaient. A ces excursions, qu'il considérait comme une partie essentielle de sa tâche, M. Hébert avait ajouté, pour son instruction personnelle et pour renouveler sans cesse son enseignement, des voyages en Angleterre, en Allemagne, en Norvège et dans toute l'Europe. L'un d'eux, accompli sur les frontières de la Galicie pendant l'insurrection polonaise, fut particulièrement difficile. On garde encore dans son laboratoire le souvenir de celui qu'il entreprit en dernier lieu, dans le Vicentin et dans la Hongrie, gravissant, à l'âge de soixante-quatre ans, avec toute l'ardeur d'un jeune homme, les plateaux des *Sept-Communes*, hauts de plus de 2 000 mètres.

De si précieuses qualités de professeur, jointes à la bienveillance avec laquelle notre collègue accueillait tous les jeunes gens, contribuèrent rapidement à attirer les élèves autour de sa chaire. Aussi, quand un Ministre, dont l'Université conserve le souvenir, créa en 1868 l'École des Hautes Études, il trouva en M. Hébert un collaborateur tout préparé. Et, plus tard, lorsque le développement de notre enseignement supérieur exigea la création de chaires et de conférences nouvelles, le laboratoire de la Sorbonne put suffire à tous les besoins. Les chaires de géologie de nos Facultés sont, presque toutes, occupées par des élèves de M. Hébert.

Malgré toute sa modestie, notre collègue se rendait bien compte de l'importance des résultats qu'il avait obtenus. Avec le temps, l'heure de la justice était venue pour lui; en 1877, il avait été nommé membre de l'Institut; l'importance et l'originalité de ses recherches étaient pleinement reconnues en France aussi bien qu'à l'étranger. Mêlés à sa vie de tous les jours, les professeurs de la Faculté des Sciences avaient su apprécier, en même temps que ses travaux, ses rares qualités morales, cet esprit de droiture et d'équité, cette modération naturelle qu'il apportait dans leurs assemblées. Aussi, quand notre Faculté fut appelée, pour la première fois, en 1885, à désigner son futur doyen, son choix se porta tout d'abord sur M. Hébert. C'est à lui qu'échut l'honneur de diriger et de représenter la Faculté pendant la première période de cette nouvelle vie universitaire qui commençait alors pour nous. Il était très fier et très heureux de la marque d'estime que nous lui avions donnée, que nous lui avions renouvelée il y a un an à peine; mais, depuis quelque temps déjà, l'état de sa santé l'avait contraint de renoncer à l'enseignement. Il sentait bien qu'il ne pourrait plus remonter dans sa chaire; mais il venait chaque jour à la Sorbonne. Il tenait surtout à conserver la direction de ce laboratoire qu'il avait créé, avec l'aide de deux collaborateurs dévoués, et qui contenait comme un résumé de toute sa vie scientifique.

« J'ai beaucoup de choses à terminer », me disait-il, la dernière fois que je l'ai vu pour lui donner l'assurance que tous les désirs par lui formés seraient agréés. La mort vient, hélas! renverser tous ces projets; mais la réputation de notre collègue ne dépendait nullement de ce qu'il n'a pas eu le temps d'achever. Son meilleur titre de gloire, ce sont ces élèves auxquels il a communiqué ses méthodes, dont il a inspiré les travaux et qui forment autour de sa tombe un concours dont tout savant aurait droit d'être fier. Puissions-nous tous, Messieurs, quand notre heure sera venue, recueillir et mériter ces hommages auxquels M. Hébert s'est créé tous les droits par une vie d'honneur, de travail et de dévouement à la Science! Puissent ces hommages rendus à sa mémoire adoucir la douleur de sa famille et, en particulier, de la femme distinguée que nous avons tous vue s'intéressant à ses travaux, lui épargnant tous les soins et toutes les peines, l'entourant d'une affection et d'un dévouement qui ont été la joie et la parure de ses dernières années!

DISCOURS

DE

M. TANNERY

SOUS-DIRECTEUR A L'ÉCOLE NORMALE SUPÉRIEURE.

DISCOURS

DE

M. TANNERY

AU NOM DE L'ÉCOLE NORMALE SUPÉRIEURE.

Messieurs,

Au nom de l'École Normale, de ses maîtres, de ses élèves qui, si la maison n'était vide en ce moment, se presseraient en foule autour de cette tombe, je viens dire le dernier adieu au savant dont on vous a rappelé les titres de gloire, à l'homme excellent dont ceux qui l'ont approché n'oublieront pas la bienveillance et le dévouement.

M. Hébert entra à l'École en 1833; il y revint en 1838, comme surveillant général, après avoir été, pendant deux ans, régent de physique au collège de Meaux : le jeune surveillant général avait la main ferme, et lui-même se plaisait à répéter plus tard qu'il avait toujours su maintenir la discipline « dans la bonne voie » : on dit que la réputation qu'il acquit ainsi le fit désigner en 1840 pour enseigner la physique au lycée Saint-Louis, après une révolte, à un moment où l'on avait besoin chez les professeurs, d'énergie autant que de savoir. A la fin de la même année, il fut nommé sous-directeur des études scientifiques à l'École Normale. Il tenait à l'ordre dans la maison; il le voulait aussi dans la rue : en 1848, à la tête des élèves, il prit part, dans le quartier du Panthéon, à la lutte contre les insurgés. Pendant les tristes années qui vinrent bientôt après, l'École était suspecte à ceux même qui avaient charge de la défendre, et qui n'ignoraient pas que le goût de la libre recherche scientifique s'allie souvent à l'indépendance des caractères. Heureusement M. Hébert avait, peu à peu, conquis sur les élèves une grande autorité morale : ceux-ci comprirent quelle droiture de zèle et quel désintéressement cachait son abord un peu rude : par le continuel dévouement qu'il mettait à s'occuper d'eux, à les aider, à les conseiller dans leurs études, puis à les suivre dans leurs travaux et dans leur carrière, il les contraignit tous de l'aimer et de le respecter : le respect et l'affection des élèves pour un maître plein de fermeté contribuèrent sans doute à éviter toute apparence de désordre et assurèrent à l'existence de l'École une continuité qui était menacée. — Ceux qui, aujourd'hui, ne connaissent que les douceurs et les joies de la tâche qu'a remplie M. Hébert lui gardent une reconnaissance profonde.

Ses fonctions administratives étaient loin de suffire à son activité : il se tourna d'abord vers la physique; il avait été, dit-on, attiré de ce côté par une prédiction flatteuse que lui avait adressée un professeur, frappé de son habileté manuelle, alors que, simple maître d'étude il suivait, pour se préparer à l'École Normale, les cours du lycée Charlemagne, avec les élèves qu'il était chargé d'y conduire. Il ne trouva sa véritable voie qu'en 1845 et se prit alors d'une ardente passion pour la géologie. De 1845 à 1857 il publia quarante Mémoires; il explora une grande partie de l'Angleterre, les bassins de Mayence et du Limbourg, les environs de Maëstricht; ses excursions avec les élèves, dans le bassin de Paris, sont restées légendaires : son ardeur y était incroyable et l'on se raconte encore comment il laissait sur les routes les marcheurs les plus intrépides, avant d'arriver au but, que lui seul atteignait sans fatigue. Il forma une remarquable collection de fossiles et de minéraux. Son laboratoire devint le centre d'un important mouvement scientifique, dont le souvenir ne doit pas disparaître dans la gloire impérissable que les laboratoires de Deville et de Pasteur ont jetée sur l'École.

Au milieu des travaux qu'il accumulait, il n'avait aucune hâte d'être docteur; il ne passa sa thèse qu'en 1857, juste à temps pour être chargé, le mois suivant, du cours de géologie à la Sorbonne : il fut nommé titulaire la même année, et remplacé à l'École par M. Pasteur.

Pendant sa direction des études, il avait fait créer une section des sciences naturelles, qui disparut de l'École avec lui : pourtant elle ne fut pas inutile : l'un des maîtres de la science française, M. Fouqué, en est sorti. Il y a quelques années, M. Fustel de Coulanges a repris l'idée de M. Hébert, et la section des sciences naturelles est aujourd'hui bien vivante. M. Hébert en a suivi la création, l'organisation et le développement avec un vif intérêt ; nous lui avons dû de précieux encouragements, des conseils pleins d'autorité.

Adieu, Maître ! Nos élèves n'oublieront pas votre enseignement à la Faculté, que commentait pour eux votre disciple, votre ami, votre collaborateur dévoué ; ils n'oublieront ni votre vie vaillante, consacrée jusqu'au bout au travail scientifique, ni vos traits vénérables, où le travail, qui console de bien des souffrances, avait mis la joie et la sérénité.

DISCOURS

DE

M. MARCEL BERTRAND

PRÉSIDENT DE LA SOCIÉTÉ GÉOLOGIQUE DE FRANCE.

DISCOURS

DE

M. MARCEL BERTRAND

AU NOM DE LA SOCIÉTÉ GÉOLOGIQUE DE FRANCE.

Messieurs.

La Société géologique de France doit, elle aussi, son tribut d'hommages et de regrets au maître respecté qui disparaît aujourd'hui. M. Hébert en faisait partie depuis quarante-cinq ans; toujours assidu à ses séances, il en a été trois fois le président; il l'était hier encore, quand ses forces ont commencé à le trahir, et il a toujours vu dans la prospérité de notre Société une condition même de progrès pour la science qu'il a si fidèlement aimée.

L'œuvre de M. Hébert est considérable; elle embrasse tous les étages de nos terrains et toutes les provinces de la France. Dans le bassin de Paris, il a renouvelé l'étude des terrains tertiaires par l'observation minutieuse des détails. Il a le premier subdivisé la craie, dont les fossiles même semblaient avant lui accroître la désespérante uniformité, et ces divisions, fondées seulement sur les différences inaperçues entre les formes des Micraster, se sont retrouvées jusqu'en Angleterre et en Bohême, Grâce à elles, il a pu dans notre bassin parisien suivre les ondulations de la craie, humbles contre-coups des grands mouvements alpins, mais destinés peut-être à en éclairer sur plus d'un point l'histoire encore discutée. Puis, élargissant son horizon, sentant que des comparaisons étendues plus loin étaient nécessaires à de nouveaux progrès, il a suivi la craie dans toute l'Europe, de l'Angleterre à la Scandinavie et à la Russie. Il s'est tourné ensuite vers l'étude des provinces méditerranéennes. Là des différences profondes rendent lès comparaisons plus difficiles; dans ses coupes des Pyrénées, de la Provence, du Vicentin et de la Hongrie, M. Hébert a contribué plus que tout autre à en préciser les éléments épars. Mais, si la modification des faunes va jusqu'à la suppression de toute espèce commune, comment poursuivre la comparaison? Suffit-il que deux assises occupent de part et d'autre la même place dans la série pour avoir le droit de les déclarer contemporaines? Toujours soucieux d'une rigueur absolue dans les conclusions, M. Hébert objectait la possibilité d'une double lacune et, jusqu'à preuve contraire, il croyait nécessaire de l'admettre. De là sont nées ces grandes discussions, dont le point de départ théorique a souvent été oublié par ses contradicteurs, et qui ont joué un rôle important dans sa vie scientifique comme dans l'histoire de nos séances.

Ce n'est pas qu'il aimât la lutte pour elle-même, mais il estimait qu'on se doit à ses idées, et il fut toujours prêt à les défendre, que ce fût au début de sa carrière contre A. d'Orbigny ou Élie de Beaumont; ou que ce fût plus tard, dans tout l'éclat de sa renommée, contre des géologues plus jeunes et débutant à leur tour. Ces discussions, qui ont si largement profité à la science en stimulant les recherches, en renouvelant l'intérêt et la portée des questions débattues, ont pu susciter quelques animosités passagères; elles n'en ont jamais fait naître dans l'esprit de M. Hébert; ses contradicteurs pouvaient rester ses amis et sa bienveillance demeurait acquise à quiconque travaillait sérieusement.

Son activité est longtemps restée infatigable : en 1878, président du congrès international, il en guidait les membres dans les environs de Paris; en 1881, il dirigeait nos courses dans les Pyrénées; en 1885, à soixante-douze ans, il gravissait encore les pics escarpés des Cévennes. L'an dernier, quand la Société géologique convia tous les géologues étrangers à venir se joindre à notre session extraordinaire, c'est à M. Hébert encore qu'elle a voulu confier le soin de la représenter. Ce fut la dernière fois que nous le vîmes au milieu de nous : sa voix déjà défaillante put à peine faire entendre jusqu'au bout son discours de bienvenue. Ce jour-là nous le sentîmes profondément frappé : cinq mois après, en effet, il s'éteignait sans souffrance. L'affection souriante et dévouée, qui dans ses voyages avait tant de fois aplani devant lui les difficultés de la vie, qui l'avait assisté discrètement dans toutes ses occupations et tous ses travaux, lui a rendu douce et facile jusqu'à la dernière heure. C'est en espérant se réveiller le lendemain qu'il s'est endormi pour la dernière fois.

L'importance des services rendus ne se mesure pas seulement à l'œuvre écrite, mais encore à l'influence exercée. M. Hébert a formé toute une école de géologues, qui se sont inspirés de sa méthode, qui se font honneur de l'appeler leur maître et qui continueront sa tradition. Avec eux il a mis la géologie dans le droit sentier, et il l'a assurée pour longtemps d'un progrès continu. Son œuvre a donc été doublement féconde, et en lui disant un dernier adieu, nous pouvons l'assurer que son nom, tant que vivra la Société géologique, ne périra pas parmi nous.

DISCOURS

DE

M. BERGERON

DOCTEUR ÈS SCIENCES.

DISCOURS

DE

M. BERGERON

AU NOM DES ÉLÈVES DU LABORATOIRE DE GÉOLOGIE DE LA SORBONNE.

Messieurs,

On vient de vous retracer, en termes éloquents, la carrière scientifique de M. Hébert ; mais il nous reste, à nous ses élèves, à dire ce que fut notre maître avec nous, dans la vie intime.

Ayant commencé ses études d'histoire naturelle, à une époque où les laboratoires et les collections n'étaient accessibles qu'à de rares élus, M. Hébert avait senti tous les inconvénients d'une pareille manière de faire ; aussi, dès le début de sa carrière, ouvrit-il largement son laboratoire à tous ceux qui, amateurs ou hommes de science, s'intéressaient à la géologie. Tant de libéralisme développa bien des vocations naissantes et fut incontestablement l'origine d'un mouvement qui tend à s'accentuer de plus en plus, en France, en faveur de cette science longtemps délaissée. Les géologues, sûrs de trouver auprès de M. Hébert un accueil bienveillant, se groupèrent autour de lui, et ainsi se fonda d'elle-même, sans que M. Hébert ait jamais pensé à en tirer vanité, une véritable école que l'on peut appeler aujourd'hui l'école française de géologie, tant son expansion a été grande dans notre pays.

Ce libéralisme était la qualité qui frappait le plus, les premières fois qu'on abordait M. Hébert. Toujours réservé vis-à-vis de ceux qui l'approchaient et très sobre d'encouragements, il inspirait d'abord un certain sentiment de crainte qui disparaissait bientôt lorsqu'on avait été mis à même d'apprécier son dévouement à ses élèves et son très grand désir d'être juste à leur égard. Si nos recherches semblaient nous conduire à des conclusions différentes de celles qu'il avait émises, il s'efforçait de nous convaincre par des raisons tirées de sa longue expérience, et mettait à notre service toutes ses observations personnelles. A la façon dont il soutenait son opinion, nous étions persuadés qu'il n'était jamais inspiré que par la poursuite absolue de la vérité. Jamais, d'ailleurs, aucun mot n'est sorti de sa bouche qui ait pu blesser ou décourager personne, parce qu'il était très convaincu que ceux qui ne partageaient pas sa manière de voir étaient d'aussi bonne foi que lui.

Un tel maître ne pouvait inspirer à ceux qui l'entouraient qu'un sentiment de profond respect et à ceux qui le connaissaient mieux une sincère affection. Aussi est-ce avec un réel chagrin que je viens, au nom de tous ceux qui ont fréquenté son laboratoire, au nom de tous ceux qui ont eu l'honneur d'être ses élèves, dire à M. Hébert un dernier adieu.

Mon cher maître, si vos travaux laissent une trace profonde dans l'histoire de la géologie française, vos rares qualités de chef d'école ne vous survivront pas moins, car vos élèves se feront un devoir de maintenir votre tradition, comme un moyen de vous honorer encore et de développer une science à laquelle vous avez consacré votre vie.

INAUGURATION

DU

MÉDAILLON

DÉPOSÉ SUR LA TOMBE DE

M. EDMOND HÉBERT

le 4 Juin 1890

PAR SES AMIS, SES DISCIPLES ET SES ÉLÈVES

DISCOURS

PRONONCÉS A CETTE CÉRÉMONIE

HÉBERT
ED. HÉBERT
DOYEN HONORAIRE DE
LA FACULTÉ DES SCIENCES
PROFESSEUR DE GÉOLOGIE
SES AMIS SES DISCIPLES
SES ÉLÈVES

DISCOURS

DE

M. FOUQUÉ

MEMBRE DE L'INSTITUT, PROFESSEUR AU COLLÈGE DE FRANCE.

DISCOURS

DE

M. FOUQUÉ

AU NOM DES ANCIENS ÉLÈVES DE M. HÉBERT.

Messieurs,

Il y a deux ans, nous nous sommes réunis dans le but de glorifier la longue carrière universitaire de M. Hébert, et de célébrer les services rendus par lui à la Géologie. Nous avons confié alors à un éminent artiste l'exécution d'une médaille reproduisant les traits vénérés de notre maître, mais vous savez que, par suite de circonstances regrettables, l'œuvre entreprise n'a marché qu'avec lenteur. C'est pourquoi, au lieu de présenter la médaille à M. Hébert dans un jour de fête, nous en sommes réduits aujourd'hui à venir la fixer sur les murs du monument qui recouvre ses restes.

Je dois à mes cheveux blancs et à une affection de plus de quarante années l'honneur d'inaugurer la cérémonie qui nous rassemble. Permettez-moi de rappeler brièvement cette histoire du passé. C'était en 1849. A cette époque, l'enseignement de la géologie était fait à l'École normale par M. Delafosse, mais déjà M. Hébert, en se chargeant bénévolement de la direction des excursions, suppléait aux lacunes d'un cours excellent, mais trop exclusivement théorique. Non seulement la plupart des élèves de la section des sciences l'accompagnaient dans les promenades du dimanche aux environs de Paris et mettaient à profit sa connaissance des fossiles et des terrains, mais quelques élèves de la section des lettres, Prévost-Paradol, Villetard, About se joignaient parfois aux excursions. Son entrain se communiquait à tous ceux qui l'entouraient; jamais enseignement n'a été plus fructueux, plus agréable, plus joyeusement accueilli.

En 1851, M. Hébert fut nommé sous-directeur de l'École et en même temps maître de conférences de géologie. Je me suis trouvé alors parmi les élèves appelés à entendre ses leçons. Sa bienveillance égalait son savoir; aussi, entre le maître et le petit groupe de jeunes gens qu'il dirigeait spécialement, s'était-il établi des liens étroits d'affection.

Ce côté de la vie de M. Hébert le dédommageait des ennuis que lui occasionnaient trop souvent ses fonctions administratives. Comme sous-directeur de l'École, il était obligé de veiller à l'exécution d'un règlement nouveau, rempli de prescriptions vexatoires et destiné uniquement à détourner les jeunes normaliens de la carrière de l'enseignement public. On ne saurait trop les services qu'il a rendus pendant cette période néfaste. C'est grâce à lui que la discipline imposée alors à l'École normale a été tolérable et que l'École a pu subsister en dépit de toutes les mesures dirigées contre elle. Que de fois il a fermé les yeux sur les infractions au règlement ou averti secrètement ceux contre lesquels il se refusait à sévir.

Plus tard, M. Hébert a développé dans la chaire et dans le laboratoire de géologie de la Sorbonne ses hautes qualités de savant et de professeur. Il a, dans ces dernières années, rempli avec distinction les fonctions de Doyen de la Faculté des sciences; mais c'est dans la période de 1851 à 1857, à l'École normale, qu'il a eu à déployer toute la puissance de son esprit et toutes les ressources de sa bonté pour faire marcher de front son travail scientifique, son enseignement et ses dures fonctions d'administrateur.

J'ai insisté sur la période de la vie de M. Hébert à laquelle j'ai été plus particulièrement associé.

M. Munier-Chalmas et M. Vélain, vous qui avez été depuis lors ses principaux élèves, vous qu'il a enveloppés dans une égale estime et dans une égale affection, vous qui pendant vingt-cinq ans l'avez secondé dans ses travaux, c'est à vous qu'il appartient de rappeler ce qu'il a été dans son enseignement à la Sorbonne. C'est vous aussi qui, à ces titres divers, devez déposer sur sa tombe le témoignage de respectueuse affection que nous avons voulu lui consacrer et que nous aurions été si heureux de lui apporter, alors qu'il était plein de vie et de santé.

DISCOURS

DE

M. MUNIER-CHALMAS

SOUS-DIRECTEUR DU LABORATOIRE DE RECHERCHES
A L'ÉCOLE PRATIQUE DES HAUTES ÉTUDES.

DISCOURS

DE

M. MUNIER-CHALMAS

AU NOM DES ÉLÈVES DU LABORATOIRE DE RECHERCHES DE L'ÉCOLE PRATIQUE DES HAUTES ÉTUDES.

Messieurs,

Nous adressons, M. Vélain et moi, à M. Fouqué, nos plus sincères remerciements pour l'honneur qu'il nous fait, en nous priant de déposer sur la tombe de M. Hébert, notre bien vénéré et regretté maître, au nom de ses amis, de ses disciples et de ses élèves, ce médaillon, pieux souvenir de notre respectueux dévouement.

Je pense aussi, Messieurs, être l'interprète de vos sentiments, en me joignant à M. Fouqué, pour donner en votre nom, un témoignage d'admiration à l'artiste distingué, qui a su avec tant de talent et de vérité, retracer sur le bronze et rendre ainsi impérissables, les traits de la grande et loyale figure qui vient de disparaître.

J'adresserai aussi à M. Bergeron, notre jeune secrétaire, nos plus vifs remercîments pour le constant dévouement et les soins incessants qu'il a apportés à la réussite de cette œuvre.

Messieurs, les personnes les plus autorisées et les plus éminentes, ont déjà retracé en termes émus, cette vie de travail, d'abnégation et de dévouement absolu à la science, et fait ressortir avec un rare talent d'expression, le mérite, la valeur et les qualités de celui qui a été appelé si justement, comme le disait encore hier à la Sorbonne, M. le Ministre de l'Instruction publique, le grand chef de notre École Française de Stratigraphie.

Qu'il me soit permis à mon tour, Messieurs, à moi qui ai été associé, pendant plus de trente ans, à sa vie scientifique de chaque jour, de faire revivre quelques souvenirs personnels.

En 1857, le hasard me fit rencontrer une excursion géologique dirigée par M. Hébert; le professeur était écouté respectueusement, moi je ne suivais que de loin les savantes explications : mais l'année suivante, j'étais moins craintif, le caractère affable et bienveillant du maître m'avait définitivement encouragé et attiré. En 1859, j'étais installé dans son propre cabinet et là sous sa direction, aidé de ses conseils incessants, je commençais mes premières études paléontologiques sur le bassin de Paris.

Vers cette première époque, M. Hébert venait de

quitter le centre de travail qu'il avait mis plus de dix ans à créer à l'École Normale; arrivé à la Sorbonne, il dut, comme il se plaisait souvent à nous le rappeler, recommencer complètement son œuvre. Mais doué d'une activité extraordinaire et animé par la foi scientifique la plus robuste, il sut bien vite réunir autour de lui de nombreux travailleurs, et jeter les bases de ce nouveau laboratoire qui devait s'accroître avec une si étonnante rapidité.

Mais bientôt, les locaux affectés à son service devinrent insuffisants; il fut alors obligé de lutter avec une nouvelle et rare énergie, pour agrandir son domaine; car il fallait non seulement l'autorisation du Ministère, mais encore un avis favorable du Conseil municipal, afin d'exproprier successivement, pour les besoins de la Faculté, les maisons de la rue Saint-Jacques, qui devaient être dans la suite occupées par les différents services de la chaire de géologie.

Fort heureusement pour la science, survinrent en 1868, les décrets qui fondaient l'École supérieure des Hautes Études, sous la haute direction de M. Duruy, dont le nom a été si souvent et si justement associé à toute idée de progrès scientifique.

J'ai encore présents à la mémoire, la visite que cet éminent homme d'État fit au laboratoire de M. Hébert, et l'étonnement toujours croissant qu'il manifestait, en voyant surgir tant de richesses accumulées par la volonté puissante d'un seul homme, et pour ainsi dire sans le concours pécuniaire de l'État.

En fondant cette École, qui devait dans l'avenir, jouer un rôle si important et rendre de si brillants services, M. Duruy avait parfaitement compris, que, quels que fussent du reste, le zèle, le dévouement et le désintéressement absolu de leurs professeurs, les institutions scientifiques avaient besoin pour se développer, d'une plus large participation de l'État.

A partir de ce moment, M. Hébert put s'adjoindre facilement des aides pour le seconder dans sa lourde tâche et réaliser ainsi plus promptement, l'exécution de l'œuvre à laquelle il devait consacrer sa vie entière.

Grâce au nouveau budget, la bibliothèque du laboratoire fit successivement d'importantes et précieuses acquisitions ; en même temps, la bibliothèque personnelle de M. Hébert, était mise avec une extrême libéralité à la disposition de tous les travailleurs. Elle contribuait ainsi à faciliter l'exécution des nombreux et remarquables travaux de paléontologie et de stratigraphie, qui sont sortis de l'École Géologique de la Sorbonne.

M. Hébert s'imposa comme une règle absolue de toute sa vie, d'ouvrir largement son laboratoire, sans distinction d'origine ni d'école, à tous les travailleurs, qu'ils soient disciples ou contradicteurs.

Il mettait toujours avec une rare bienveillance à

leur disposition, non seulement ses notes personnelles, mais encore les riches et belles collections d'étude, qu'il avait pu réunir, grâce au concours si désintéressé de ses élèves, qui se sont constamment fait un véritable devoir de suivre leur maître dans la voie du plus grand libéralisme.

Un laboratoire pourvu d'une semblable organisation, devait nécessairement devenir en France, un des centres scientifiques les plus puissants, et inspirer autour de lui les plus justes et les plus vives sympathies; aussi les élèves de M. Hébert trouvèrent-ils, auprès de ses éminents collègues du Collège de France, du Muséum, de l'École des Mines et de la Carte Géologique de France, un appui toujours croissant et de bienveillants conseils.

Les géologues français qui se sont ainsi formés à cet enseignement, sont nombreux; ils occupent presque tous, comme vous le savez, de brillantes positions, et font grand honneur à leur maître.

En véritable chef d'école, M. Hébert s'intéressait constamment à leur avenir, et les suivait avec une sollicitude toute paternelle, dans leur carrière scientifique. Malheureusement pendant sa longue existence, il eut l'extrême douleur de voir la mort frapper quelques-uns des plus distingués d'entre eux :

Dalimier, géologue de grand avenir, enlevé malheureusement au début de sa carrière;

Henri Hermite, notre loyal camarade, succombant

encore bien jeune, au retour de ses voyages aux Iles Baléares;

Dieulafait, l'auteur de travaux importants sur la genèse des roches sédimentaires;

Enfin Deslongchamps, notre regretté confrère bien connu par ses travaux géologiques sur la Normandie.

Il fit aussi de cruelles pertes parmi ses amis et les familiers de son laboratoire; il suffit de rappeler le nom des géologues les plus connus et les plus respectés de la science française : Édouard Lartet, Édouard Collomb, de Verneuil, Ami Boué, Grüner, Raoul Tournouer, Fontannes, Charles Lory.

Je ne dois pas oublier non plus, Messieurs, de parler des nombreux savants étrangers qui ont été accueillis comme travailleurs par M. Hébert, avec une cordialité qui fait grand honneur à l'hospitalité française. Nous les voyons maintenant, occupant dans leurs pays, les plus éminentes situations scientifiques, à Lûnd, à Munich, à Göttingen, à Padoue, à Bucharest, à Agram, à Belgrade.

M. Hébert, comme on le sait, a consacré toute sa vie à rechercher la solution des problèmes les plus difficiles de la stratigraphie. Nous conservons encore le souvenir des importants voyages qu'il a faits dans ce but, en Angleterre, en Belgique, en Allemagne, en Autriche, en Hongrie et en Italie.

Permettez-moi Messieurs, de vous rappeler en quelques mots, une de ces grandes excursions, où j'ai eu l'honneur, en 1878, de l'accompagner.

Après avoir parcouru le Jura pendant le mois d'août, il se rend au commencement de septembre à Vienne; là, il est reçu avec la plus respectueuse déférence, par les plus éminents géologues autrichiens. Il visite les principales collections de la ville sous leur direction, se préoccupant déjà de recueillir les documents qu'il pourra utiliser lors de la reconstruction d'une nouvelle Sorbonne.

Il se rend ensuite au congrès de Pesth, où il est chaleureusement entouré et félicité; l'accueil qu'il y reçoit témoigne de la grande estime qu'on a pour lui.

Il commence bientôt, guidé par M. de Hautken, l'un des géologues les plus distingués de l'Autriche, ces grandes et belles excursions à travers les plaines accidentées de la Hongrie. Il peut, grâce à la haute position qu'occupe le directeur de l'Institut Géologique, faire dans les comitats de Gran, de Pesth et dans la Bakony, le plus beau et le plus intéressant voyage qu'il soit donné à un géologue d'accomplir.

Il quitte vers la fin d'octobre la Hongrie, tout en conservant l'espoir d'y retourner.

Il se dirige ensuite vers l'Italie. Il arrive en novembre au milieu des Alpes vénitiennes; mais là quels changements : partout des chemins rapides, des pentes difficiles à gravir, et, malgré ses soixante-trois ans, M. Hébert affronte chaque jour et sans jamais se reposer, les marches les plus longues et les plus pénibles.

C'est ainsi que l'École de M. Hébert puisa, dans ces nombreuses et incessantes excursions à travers le domaine de la géologie et dans l'observation la plus rigoureuse et la plus précise, toute sa valeur et toute sa puissance.

Permettez-moi, Messieurs, en terminant, de vous rappeler qu'au commencement de chaque année, les élèves du laboratoire se rendaient auprès de leur maître, pour l'assurer de leur sincère et loyal attachement, et lui apporter l'expression de leurs respectueux hommages.

Lors de leur dernière visite, M. Hébert, quoique très souffrant déjà, se fit un véritable plaisir de les recevoir et de leur exprimer toute la joie qu'il éprouvait de les voir tous réunis près de lui. Dans l'expression calme et souriante de son visage, on pouvait facilement voir qu'il était fier de cette nouvelle génération, encore pleine de brillantes promesses pour l'avenir.

Mais, au milieu de cette grande et légitime satisfaction, il laissait entrevoir à ceux qui l'entouraient, comme un vague pressentiment de sa fin prochaine; aussi leur parla-t-il longuement, avec son affabilité habituelle, de leur rôle dans l'avenir et des devoirs qui leur incombaient.

Dans cette causerie familière, expression dernière

de sa volonté, il y avait aussi le sentiment d'une crainte lointaine. M. Hébert semblait en effet redouter que les brillantes conceptions et les séduisantes théories ne fissent perdre de vue, ce qu'il considérait, à juste titre, comme la base de toute science : l'observation et l'expérience.

Aujourd'hui, cher et regretté maître, je viens au nom de tous les travailleurs qui se sont inspirés de votre puissante pensée et dont j'ai été le camarade et le compagnon d'étude, vous dire, sur le lieu même où vous reposez en paix, que nous conserverons toujours intact et comme un précieux héritage, le souvenir de tant de dévouement et de tant d'abnégation, et que nous sommes aussi trop respectueux de la tradition et trop soucieux de nos devoirs, pour ne pas suivre la route que vous nous avez si magistralement tracée.

DISCOURS

DE

M. CH. VÉLAIN

MAÎTRE DE CONFÉRENCES DE GÉOLOGIE A LA SORBONNE
CHARGÉ DE COURS DE GÉOGRAPHIE PHYSIQUE.

DISCOURS

DE

M. VÉLAIN

AU NOM DES ÉLÈVES DU LABORATOIRE D'ENSEIGNEMENT DE LA FACULTÉ DES SCIENCES.

Messieurs,

Après les témoignages de haute estime et de regrets exprimés avec tant d'autorité par des savants éminents qui furent tout à la fois les collègues et les amis de M. Hébert, après les paroles touchantes que vient de prononcer M. Munier-Chalmas, il semble qu'il n'y ait plus rien à ajouter; et cependant il me reste un devoir à remplir : c'est de rappeler avec quel dévouement M. Hébert s'est voué à l'enseignement et au développement de la Géologie, dévouement absolu qui reste un des traits les plus saillants de son caractère.

D'autres peut-être ont laissé une œuvre écrite, plus étendue, mais il en est peu qui aient rassemblé autant d'élèves autour de leur chaire.

Nul, en effet, ne savait mieux que lui diriger le

débutant vers l'étude qui lui convenait le mieux, nul ne savait stimuler davantage ses efforts par des encouragements affectueux, et plus tard mettre en pleine lumière ses travaux.

Après les premières années d'étude, il demeurait notre conseiller, *notre ami*. Avec une obligeance extrême, il prodiguait ses avis, et mettait à l'entière disposition de chacun de nous ses carnets d'excursion, soit des trésors inépuisables d'observations longuement poursuivies dans les régions les plus diverses.

Vous savez tous aussi combien il se dépensait pour nous, quelles étaient la droiture de son caractère, l'étendue de sa sollicitude, la bienveillance de sa direction, enfin la part personnelle qu'il prenait à nos travaux; combien il s'honorait d'annoncer nos succès, le plus souvent préparés par sa collaboration.

Telles sont pour n'en citer que des exemples très rapprochés, les paroles très élogieuses et bien méritées qui annonçaient à l'Institut l'apparition des premières feuilles de la grande carte géologique de France au $\frac{1}{500000}$ par MM. Vasseur et Carez, œuvre considérable aujourd'hui complètement achevée; puis celles qui marquaient, en les accompagnant d'une note attestant leurs progrès toujours croissants, les diverses phases des belles explorations de M. Kilian dans la montagne de Lure. Enfin, en dernier lieu, c'est encore lui qui, présentant à l'Académie des Sciences les premiers *Paradoxidiens français*, indiquait que cette découverte de la *Faune primordiale* dans la Montagne Noire, due aux persévérantes et méthodiques recherches de M. Bergeron, constituait un des faits les plus intéressants pour la géologie de France, qui ait été signalé depuis longtemps.

La liste est longue des travaux issus d'un laboratoire devenu, pour tous les géologues, un centre d'attraction autour d'un maître incontestablement reconnu comme le chef de la Stratigraphie française. Nombreuses aussi sont les thèses soutenues en Sorbonne qui, inspirées soit par ses sages conseils, soit par une de ses observations, puis achevées sous sa direction, lui ont été dédiées.

Son rôle dans l'enseignement est donc considérable, si l'on en juge par le nombre et la qualité de ceux qui, sortis de son laboratoire, sont tous devenus ses amis. C'est là le but vers lequel doit toujours tendre le professeur. Un maître peut imposer, avec ses idées, la voie qu'on doit suivre sans qu'on puisse s'en écarter; il peut aussi prodiguer simplement ses conseils avec une extrême bienveillance, et s'appliquer à rester attentif à distinguer, puis à encourager les efforts de chacun.

C'est cette méthode que M. Hébert a toujours suivie; aussi toutes les générations d'élèves qui se sont succédé dans son laboratoire gardent-ils pour lui une reconnaissance dont il a pu recueillir, dans ces dernières années surtout, plus d'un touchant témoignage.

Veut-on savoir maintenant ce que lui-même pensait de ses élèves? Il va nous l'apprendre dans une lettre de remerciements adressée (en 1887) au président de l'Académie des Lincei, à l'occasion de son élection dans cette illustre compagnie. « Peut-être ce sont mes élèves qui constituent mon principal titre à cette haute distinction. Depuis près d'un demi-siècle que j'enseigne la Géologie, j'ai eu, en effet, la vive satisfaction de voir un grand nombre de jeunes intelligences s'animer du feu sacré des recherches scientifiques. »

Mais, ce qu'on peut dire particulièrement, c'est que cette affluence croissante des élèves dans le laboratoire de Géologie, a été la meilleure récompense du dévouement sans bornes, de M. Hébert. Tous, appréciant sa sincérité, l'entouraient d'une affection respectueuse; tous avaient confiance dans le maître dévoué qui se donnait sans réserve.

En l'entendant parler, on sentait qu'il avait vu, que sa conviction était fondée sur des faits raisonnés, bien établis. Aussi exposait-il ses idées avec chaleur et les défendait-il avec ténacité, sans craindre de heurter les idées contraires, parce que ses opinions, appuyées sur des observations personnelles, étaient le fruit d'un long effort. Dédaigneux des hypothèses et d'une grande sévérité en matière de preuves, il savait sacrifier les brillantes théories pour n'étayer ses démonstrations que sur des faits bien observés, définitivement acquis.

On sait aussi quel soin il apportait à la préparation de ses leçons, et cela jusqu'à la dernière heure : jamais son zèle ne s'est démenti. Ses connaissances approfondies, fortifiées par de nombreux voyages, son attention à se tenir toujours au courant des publications étrangères, lui permettaient d'appliquer à l'interprétation des faits observés toutes les ressources d'une science à laquelle il avait voué un véritable culte, et d'arriver ainsi à des déductions générales d'une grande portée.

Menant de front les excursions sur le terrain, les travaux dans le laboratoire et les devoirs du professeur, il rendait accessible pour tous une science qui jusque là était le domaine privilégié d'un petit nombre d'initiés.

Son enseignement, en effet, ne consistait pas seulement en leçons données dans l'amphithéâtre, mais, ce qui était plus profitable, en démonstrations familières faites devant ses élèves dans le laboratoire, démonstrations toujours riches en documents précieux, nouveaux, presque uniquement puisés dans les faits observés par lui, enfin et surtout dans des excursions qu'il dirigeait lui-même avec une ardeur incomparable, et qui devenaient la meilleure préparation pour l'étude directe des terrains.

Aux efforts de mémoire M. Hébert avait substitué le raisonnement; il nous faisait consulter non pas les livres, mais les terrains, en nous faisant comprendre le langage secret de la nature.

Les études dans les collections venaient ensuite compléter ce que l'observation directe et patiente du terrain nous avait appris.

Tous ceux qui l'ont suivi dans ses excursions se rappellent le charme de ces promenades en plein air, où on apprenait que la géologie, loin d'être une science aride et spéciale, se prête à des applications constantes, puisqu'elle nous amène à découvrir combien sont instructifs les moindres formes du sol, les moindres affleurements.

« Jamais », comme l'a si bien rappelé un de ses plus anciens élèves, M. A. Gérardin, « nous n'aurions eu l'idée qu'un maître déjà éminent se ferait en quelque sorte notre camarade, présiderait à nos repas dans une salle d'auberge, et nous ferait ses savantes leçons sur place, debout sur un quartier de roche.

« Son énergie infatigable, son affabilité, sa gaieté communicative, son amour passionné pour la géologie nous captivait, nous entraînait, et, quand le soir nous revenions entassés dans un wagon de troisième classe, il n'était pas rare qu'il ne nous y fît encore une leçon pour résumer et fixer dans notre esprit les principaux traits de l'excursion.

« C'était là une innovation, à une époque où de laboratoire et de direction d'élèves il n'était guère question : innovation qui a été si heureuse, si féconde en résultats qu'on ne comprend plus maintenant qu'il en ait été autrement. »

Et maintenant est-il besoin de dire comment le plus modeste des débutants était reçu par ce savant, alors que sa renommée était déjà si grande et son nom si haut placé?

Ici je pourrais faire appel à mon expérience personnelle et, (comme vient si bien de le rappeler M. Munier-Chalmas pour son propre compte) dire à mon tour que c'est M. Hébert qui, le premier, alors qu'étudiant en pharmacie, j'occupais tous mes loisirs à quelques études géologiques, m'a tendu la main, puis indiqué la voie en m'inspirant, comme à beaucoup d'autres, la passion qui l'animait pour une science qui lui était si chère.

Si, donc depuis mon entrée à la Sorbonne, mes travaux ont eu quelque mérite, c'est à M. Hébert que je le dois, et c'est encore lui rendre hommage que de rappeler les services rendus sous sa haute direction. Si j'éveille ces souvenirs personnels, c'est que tous ceux qui sont passés par le laboratoire de la Sorbonne sont dans le même cas : aussi c'est en leur nom que je viens ici exprimer ces sentiments de reconnaissance.

Une vie de travail continu, consacrée tout entière,

avec un égal dévouement et un égal succès, à l'enseignement et au développement de la géologie ; une vie, terminée trop vite, par les atteintes d'un mal inexorable ; voilà ce que rappelle le nom aimé et respecté, entre tous, de M. Hébert.

Et si nous ajoutons à ces qualités si précieuses, tout entières appliquées à l'enseignement, un esprit étendu et solide, toujours curieux des principes, toujours prêt pour l'application, rehaussé par une bonté tranquille et modeste, nous aurons montré le savant et l'homme tel qu'il est resté dans toutes les situations qu'il a occupées, en conservant partout une parfaite égalité de caractère jusque dans les souffrances de la dernière année.

Il était arrivé à cette heure de la vie où l'homme de science, contemplant les hauteurs qu'il a franchies, a le droit de songer, non au repos — les grands travailleurs comme M. Hébert ne se reposent guère que dans la tombe — mais à la satisfaction de la tâche accomplie. Et c'eût été justice comme couronnement d'une carrière si bien remplie qu'un pareil ouvrier, pour achever son œuvre, vécût encore longtemps, entouré par la grande famille de ses élèves, dans ces nouveaux laboratoires de la Sorbonne dont il avait lui-même réglé tous les détails avec un soin minutieux.

Mais c'est au moins pour nous un bonheur, de penser que sa peine n'a pas été sans salaire. Il a vu ses élèves débuter avec éclat dans la carrière, honorer la science et propager sa méthode.

Ainsi vivra la mémoire de M. Hébert. Il restera dans le souvenir de ses élèves et compagnons d'étude, comme un maître des plus regrettés; dans l'Université, comme un des chefs d'école qui l'ont le plus honorée.

PARIS. — IMPRIMERIE DELALAIN FRÈRES

RUE DE LA SORBONNE, 1 ET 3.

www.ingramcontent.com/pod-product-compliance
Ingram Content Group UK Ltd.
Pitfield, Milton Keynes, MK11 3LW, UK
UKHW020350180726
13839UKWH00003B/1012

9 782329 529301